Aaron Lichtleitner
Wege zur Freiheit

Aaron Lichtleitner

Wege zur Freiheit

10 Wegweiser

DIE BIBLIOGRAFISCHE INFORMATION DER DEUTSCHEN NATIONALBIBLIOTHEK
Die Deutsche NATIONALBIBLIOTHEK verzeichnet diese Publikation in der Deutschen Nationalbibliografie; detaillierte bibliografische Daten sind im Internet über http://dnb.ddb.de abrufbar.

Einbandabbildung: © Mopic, www.stock.adobe.com
Herstellung und Verlag: Books on Demand, Norderstedt
© 2019 Aaron Lichtleitner
ISBN 978-3-7504-1086-2

Inhalt

Vorwort

Dieses Buch wurde geschrieben mit der Absicht, den Zugang zum höheren Selbst aufzuzeigen. Es beschreibt den Weg, eine Verbindung mit dem Herz-Chakra aufzubauen und sie zu stärken. Es soll geistige Führung bieten für all jene, die auf der Suche nach dem wahren Selbst sind. Weiterhin vermittelt es eine Anleitung, um mentale Fähigkeiten zu entwickeln.

Der Fokus liegt auf dem Kontaktaufbau zur inneren Seelenwelt, die auch als die höhere Wesenheit bezeichnet wird. Das Buch geht außerdem auf die Reflexion der Dualität und deren Auswirkungen auf den Alltag ein. Dabei steht die positive Seite der Dualität im Vordergrund und es wird aufgezeigt, wie sie in den eigenen Alltag integriert werden kann.

Die Verwirklichung und praktische Umsetzung der positiven Energie ist Hauptteil des Buches.

Dies wird erreicht durch das tiefgründige Verständnis des höheren Denkens.

Das Buch fundiert auf tiefgründigen Erfahrungen und dient der Lehre einer Persönlichkeitsentwicklung zu einem transzendalen Wesen. Es gibt praktische Werkzeuge zum Erkennen und Leben des höheren Selbst an die Hand. Es weist den Weg in das geheimnisvolle, universelle Wesen, das in uns nach Vervollkommnung strebt.

Die uns bekannte Welt ist von Individualismus und Egoismus geprägt. Um diese Zwänge aufzulösen, ist der Kontakt mit einer höheren Wesenheit unabdingbar. In ihr finden wir die Freiheit, nach der wir unser ganzes Leben lang suchen. Die Suche nach Freiheit auf dem Pfad des Egos führt nicht zur Erleuchtung, sondern in eine Sackgasse. Der einzige Weg zur inneren Freiheit führt über die Reflexion des höheren Selbst, da die Wahrheit in uns selbst liegt.

Fühle Dich nicht länger als getrennt vom Ganzen. Erlebe, wie die Lichtenergie des Herzens die Harmonie zwischen Körper und Geist wieder herstellt. Lasse Stress und Hektik hinter

Dir, tanke Kraft und komm mit auf die Reise zu Deinem inneren Frieden.

1.

Das Herz-Chakra

Das Herz-Chakra

»Es sei denn, dass ihr euch umkehrt & werdet wie die Kinder, so werdet ihr nicht in das Himmelreich kommen.«

Wenn Du nicht wieder von vorn beginnst und jenes vertrauende, offene, sich erhebende Wesen wirst, kann die Energie nicht herein, die das Himmelreich ist.

Die Energie. Sie ist dasselbe wie das kosmische Bewusstsein. Bewusstsein ist gleich Energie, ist gleich Liebe, ist gleich Bewusstheit, ist gleich Licht, ist gleich Weisheit, ist gleich Schönheit, ist gleich Wahrheit, ist gleich Reinheit.

Es ist alles derselbe Weg. Es ist alles dasselbe. Welchen Weg Du auch nehmen willst – er führt zum selben Ort.

Läutere Dich. Tauche ein in die Schönheit und

werde die Schönheit. Der Töpfer wird zu seinem Topf. Empfange die Schönheit und werde eins mit dem Universum.

All die Energie geht durch Dich hindurch. Du *bist* all die Energie. Sie wohnt in Deinem Herzen. Wenn Du nach innen gehen kannst zu Deinem spirituellen Herzen, dann wirst Du wissen: Du wohnst in dem spirituellen Ort in Deinem Herzen.

Wo wir jetzt sind, ist der Ort, von dem aus wir das gesamte Drama beobachten, welches unser Leben ist. Wir beobachten die Illusion mit unerträglichem Mitempfinden. Das Drama geschieht. Vielleicht ist das schwer für Dich zu verstehen. Ich bin hier, aber »Ich« bin nicht hier. Ich verstehe, aber »Ich« verstehe nicht. In meinem Inneren, im Herz-Chakra, läuft ein Mantra, das mich daran erinnert, wer ich wirklich bin. Immer und immer wieder in diesem inneren Ort bin ich. Selbst während ich denke, beobachte ich dort, wo dieses Mantra läuft, alles mit großer Ehrfurcht und Verwunderung.

Das ehrfurchtgebietende Drama der Natur entfaltet sich vor meinem inneren Auge. Vor jenem Auge, jenem Ich, das alles sieht und alles weiß. Weiter und weiter läuft im Inneren das Mantra, das mich immer direkt zu meinem Herzen bringt, wo Ich ewig verweile.

Wenn Du Deinen Geist genügend beruhigt hast und Dein Ego genügend transzendiert hast, kannst Du hören, wie es wirklich ist. Wenn Du in Deiner Herzflamme bist, bist Du die Herzflamme. Wenn Du mit dem Geist eines anderen Wesens zusammen bist, bist Du dessen Geist. Wenn es eine Aufgabe zu tun gibt, bist Du diese Aufgabe.

Die unbekümmerte Art der totalen Anteilnahme stellt sich nur ein, wenn das Ego ruhig ist und es keine Verhaftung gibt. Nur wenn Du ruhig in Deinem Herz-Chakra verweilst, wirst Du eins sein mit totalem Licht, unerträglichem Mitempfinden und unendlicher Macht.

Wenn Du weit genug hineingelangst, kannst Du das Karma sehen. Du kannst Muster sich entfalten sehen, von denen dieses Leben nur ein Teil ist – Teil eines Mosaiks. Um das zu tun, musst Du das Gravitationsfeld der Raum-Zeit-Matrix verlassen haben. Du kannst nicht in Raum und Zeit denken und gleichzeitig frei sein. Du kannst nicht in Deinen Gedanken sein. Nicht mehr!

Denn Deine Gedanken sind immer noch in Raum und Zeit. Du kommst durch sie nicht aus der Zeit heraus. Du musst außerhalb davon sein. Du musst in dem Ort sein, wo Du Deine eigene Empfängnis, Geburt, Kindheit, Jugend, Reife und Dein Alter sehen kannst.

2.

Der Schmetterling

Der Schmetterling

»Ich bin ohne Gestalt, ohne Begrenzung, jenseits von Raum, jenseits von Zeit. Ich bin in allem. Ich bin alles. Ich bin die Seligkeit des Universums. Alles bin ich.«

Noch siehst Du nur die Andeutungen. Noch hast Du einen Weg zu gehen. Jenseits vom Jenseits. Es lebe der Gehende. Jenseits selbst der Vorstellung eines Ortes. Jenseits dessen Du jenseits gehen könntest. Wer ist abenteuerlich genug, um auf diese Reise zu gehen? Ist Dir klar, dass Du, um das Ziel zu erreichen, niemals das Ziel erreichen kannst? Während des Vorgangs musst Du Dich auflösen.

Wir werden die Reise so bequem wie möglich machen. Aber Du musst Dir darüber im Klaren sein, dass Du (nachdem Du durch den Sternengürtel gegangen bist) zu einem weiteren Strahlungsgürtel kommen wirst, in dem

Du verbrennen wirst. Du wirst sterben, aber es wird eine Essenz übrig bleiben, die durchkommen wird. Bereit?

Könnten wir nicht einen spezial-isolierten Anzug herstellen? Nein. Es tut mir leid. Das geht nicht. Aber wenn Du Dich stark genug antreibst, wird etwas auf der anderen Seite durchkommen. Wir können wirklich nicht definieren, was Du dann sein wirst. Aber Du wirst jenseits davon sein.

Warum sollte jemand auf solch eine Reise gehen wollen? Abenteuerlust? Nun, die Sache mit dem Abenteuer ist die: Der Abenteurer möchte da sein und das Abenteuer erleben. Und wenn er während des Vorgangs verbrennt, wird es keinen Abenteurer mehr geben, der das Abenteuer erleben könnte.

Aber sieh mal: es gibt etwas, das den Menschen zu dieser Reise hinzieht. Weit, weit zurück, tief im Inneren, liegt eine Erinnerung. Da ist etwas in jedem von uns, das von der anderen Seite des Schleiers kommt, jenseits des Ortes unserer eigenen Geburt. Es ist, als ob Du von etwas gekostet hast, irgendwo in Deiner Vergangenheit, das so hoch gewesen ist, so voller Licht, so voller Energie, dass nichts, was Du erfahren kannst durch irgendeinen Deiner Sinne oder Deiner Gedanken, ausreichen würde!

Irgendwo im Innersten weiß jeder, dass es einen Ort gibt, der in sich selbst total erfüllend ist. Es ist kein verzweifeltes Flackern der Erfüllung. Es ist ein Zustand der Erfüllung. Es mag sein, dass Du Verzweiflung verspürst, ob Du das jemals erfahren wirst. Gut! Denn durch die Verzweiflung kommst Du jenem Zustand näher.

Was Dich von jenem Ort fernhält, der Dir dieses totale Gefühl und diese totale Erfahrung und dieses totale Wissen der Erfüllung gibt? Es ist all dieses Posieren, sind all Deine Pläne, all dieses Organisieren Deiner Welt, all Deine Gedanken, all Deine Spiele, all Dein Forschen.

Manche von uns gehen auf diese Reise. Wir sind nicht aufgestanden und haben uns freiwillig gemeldet. Es läuft überhaupt nicht so. Es ist nicht so, dass man die Wahl hat, sich zu melden oder nicht.

Es ist so, als würdest Du hineingetrieben, wie die Motte in die Flamme. Aber dennoch schiebt Dich niemand. Es steht niemand herum und sagt: Geh hinein!

So ist das nicht. Es ist eher wie bei einer Raupe, die sich in einem Kokon einschließt, um durch die Metamorphose zu gehen und als Schmetterling wieder hervorzukommen. Die Raupe sagt nicht: Nun, jetzt werde ich in diesen Kokon hineinklettern und als Schmetterling wieder hervorkommen. Es ist einfach ein unvermeidlicher Prozess. Es geschieht einfach. Es muss auf diese Art und Weise geschehen.

Wir sprechen über eine Metamorphose. Wir sprechen über den Weg von der Raupe zum Schmetterling. Wir sprechen darüber, wie man ein Schmetterling wird.

Die Raupe läuft nicht herum und sagt: »Bald werde ich ein Schmetterling sein!« Denn solange sie damit beschäftigt ist, eine Raupe zu sein, kann sie kein Schmetterling sein. Nur wenn das Raupendasein abgeschlossen ist, fängt man an, ein Schmetterling zu sein. Das ist wiederum ein Teil dieses Paradoxons. Du kannst das Raupendasein nicht wegreißen. Das Ganze läuft ab wie ein sich entfaltender Prozess, bei dem Du keine Kontrolle hast.

Nun, was tue ich hier, wenn ich keine Kontrolle habe? Das ist schwer zu verstehen. Ich habe keine Wahl!

3.

Keine Zufälle

Keine Zufälle

Könntest Du weit genug zurücktreten und den gesamten Prozess beobachten, würdest Du sehen:

Du bist ein total vorbestimmtes Wesen. Der genaue Moment, in dem Du erwachen wirst, ist total vorbestimmt. Wie lange Du schlafen wirst, ist total vorbestimmt. Was Du hören wirst von dem, was ich sage, ist total vorbestimmt. Es gibt in dieser Sache keine Zufälle. Für das Ego sieht es so aus, als wären es Wunder und Zufälle. Zufälle gibt es nur von Deinem Blickwinkel aus. Keine Wunder. Keine Zufälle. Es liegt einfach an dem Blickwinkel, in dem Du sozusagen ... feststeckst.

Die Reise, über die ich spreche, ist voller Paradoxa. Das feinste Paradoxon von allen ist: Sobald Du alles aufgibst, kannst Du alles haben. Wie gefällt Dir das? Solange Du Macht haben willst, kannst Du sie nicht haben. In dem Augenblick, in dem Du keine Macht mehr haben willst, wirst Du mehr bekommen, als Du Dir jemals erträumt hast. Was für eine merkwürdige Sache!

Solange Du ein Ego hast, bist Du auf einer begrenzten Reise. Du bist auf einem trivialen Trip, der andauern wird. Wie lange wohl? Sechzig, vielleicht siebzig, vielleicht achtzig Jahre. Ein Trip, der ausgefüllt ist mit der Furcht vor seinem Ende und mit dem Versuch, seine eigene Ewigkeit zu schaffen.

Wenn ich nicht spreche, wenn ich nicht der bin, der ich zu sein glaubte, wie bin ich in das hier hineingeraten? Wer bin »Ich«? Denn nur wenn ich weiß, wer »Ich« bin, werde ich wissen, was möglich ist.

4.

Das Verstehen der Möglichkeit

Das Verstehen der Möglichkeit

Ein Weg, durch den Du das Licht erleben kannst, ist die direkte Erfahrung. Durch das Alleinsein in der Wüste. Durch das Sich-Verlieben. Durch das Gebären eines Kindes. Durch das Beinahe-Sterben. Durch Yoga. Dadurch, dass Du einen Deiner Sinne nimmst und durch ihn über ihn hinausgelangst.

Dadurch, dass Du durch diese Erfahrungen gegangen bist, hast Du einen Ort in Dir berührt, der eine intuitive Gültigkeit besitzt. Er ist intuitiv gültig. Im Innersten weißt Du: Es ist richtig, obwohl es im totalen Widerspruch zur realen Welt steht. Das macht nichts. Du bist bloß verrückt geworden. Das heißt, die Erfahrung, die Du gemacht hast, ist die Erfahrung der Psychose.

Unser normales Wachbewusstsein ist nur eine bestimmte Art von Bewusstsein, während ringsherum, von ihm nur durch dünnste Schleier getrennt, ganz verschiedenartige potenzielle Formen des Bewusstseins liegen. Es mag sein, dass wir durchs Leben gehen, ohne ihr Dasein zu ahnen. Wende den erforderlichen Auslöser an und sie sind da in all ihren vollendungsbestimmten Arten der Mentalität, die wahrscheinlich irgendwo ihre Anwendung und Anpassung finden. Keine Beschreibung des Universums in seiner Gesamtheit kann endgültig sein, die diese anderen Formen des Bewusstseins nicht berücksichtigt, wie sie wohl zu berücksichtigen sind. Denn sie hängen nicht mit dem normalen Bewusstsein zusammen. Sie mögen Haltungen bestimmen, obwohl sie keine Rezepte liefern können. Sie mögen Gebiete eröffnen, obwohl sie einer Landkarte ermangeln. Auf jeden Fall verbieten sie uns das voreilige Abrechnen mit der Realität.

Das Verständnis der Möglichkeit mag Dir durch die Erfahrung selbst gekommen sein oder durch die Schlussfolgerungen Deines Verstandes. Vielleicht hast Du überlegt und überlegt, bis Du gesehen hast, in was für einer seltsamen Lage sich der rationale Mensch befindet, und Dir ist klar geworden, dass es noch etwas anderes geben muss, obwohl Du es noch nicht erfahren hast. Du schließt einfach auf das Vorhandensein von »etwas Anderem«.

Es ergibt zwar noch keinen Sinn. Du hast es noch nicht direkt erfahren, aber Du stellst Dir vor, dass es da noch etwas anderes geben muss. Und dann liest Du all die Schriften von allen möglichen Mystikern und fragst Dich: »Nun, sie können nicht alle verrückt sein. Etwas muss daran ja stimmen.« Du schlussfolgerst also auf das Vorhandensein dieses Anderen, kannst es aber nicht voll und ganz erfassen.

Du musst der Tatsache vertrauen, dass es verwirklichte Wesen gibt. Und sie haben es gesagt und daher weißt Du, dass es wahr ist. Es ist keine Schlussfolgerung mehr, es ist kein intellektueller Vorgang. Du akzeptierst ganz einfach das, was sie gesagt haben. Das ist Glauben.

Wir sind so super-anspruchsvoll geworden in unseren Beurteilungsmechanismen, dass wir alles in Zweifel ziehen, was wir hören. Woher weißt Du denn, dass man Dich nicht übers Ohr hauen will? Ich meine: Was wollte Jesus eigentlich? Was war sein Spiel? Worum ging es ihm? Besonders paranoid fühlst Du Dich, wenn Du einer der Wächter der Gesetzestafeln im Tempel bist. Wenn Du an ein bestehendes System mit großer Verhaftung gebunden bist. Auf irgendeine Weise haben die meisten die Möglichkeit schon geahnt. Aber sie können sie nicht umsetzen.

5.

Ergib Dich

Ergib Dich

Was gibst Du auf? Einen hohlen kleinen Trip, der im besten Fall vielleicht noch 40 bis 50 Jahre dauern wird. Du gibst ihn auf für ewige Vereinigung mit reiner Energie und reinem Licht. Sich ergeben bedeutet, dass Du nicht mehr stirbst. So einfach ist das. Das ist damit gemeint. Was lebt und stirbt, das ist nur das Ego, und die Angst vor dem Tod kommt nur durch das Ego.

Totales Sichergeben. Es gibt kein Du mehr, kein Leben und keinen Tod. Du bist Teil von allem. Das ist der Ort.

Du musst nicht diesen sexuellen Drang, dieses Verlangen, dieses unerfüllte Etwas haben. Lass es einfach sein. Sei mehr, mehr, mehr. Was hält Dich zurück? Deine Gedanken, hmm? Du musst sie aufgeben! Sie sind nur Ego-Pläne.

Was machst Du? Für die Zukunft planen? Nun – jetzt ist alles in Ordnung! Aber später? Vergiss es, das kommt später. Jetzt ist jetzt. Willst Du hier sein im Augenblick oder nicht? So einfach ist das.

Aber ich bin doch noch so jung! Ich habe noch so viel vor! Nun, das wird Dich ganz sicher davon abhalten, im Augenblick zu leben. Das Leben geht an Dir vorüber!

Hmm, aber wenn ich nur im Augenblick lebe, wird es da nicht ein Chaos geben? Was ist, wenn das Handy klingelt? Nun, der Augenblick ist die Tatsache, dass das Handy klingelt. Lass es klingeln … Aber was ist, wenn sich jemand mit mir verabreden will, um mich in drei Wochen zu treffen? Gut! Schreib es Dir auf. Das ist der Augenblick. Ja, aber was passiert in drei Wochen? In drei Wochen ist die Verabredung. Dann ist *sie* der Augenblick.

Wenn Dein Kind den Raum zum Frühstück betritt, dann ist das der erste Moment. Es ist Buddha, der Buddha trifft.

Beim Toast und Kaffee. Bei der Milch und beim Tee und den Haferflocken haben wir

vorher noch nie gefrühstückt! Das ist es! Das
ist alles, was ist. Genau jetzt! Wenn das nicht
genügt, dann genügt Dir nichts.

Vor fünf Jahren lebte ich in einer Gemeinschaft
in Spanien mit einem sehr hohen, schönen Wesen zusammen, mit Gabriel, einem visionären
Maler, einem sehr beeindruckenden Menschen,
und dessen Frau und Kind. Ich hatte einen Tag
frei, es war Sonnabend, und wir wollten alle im
VW-Bus in die Stadt fahren, um einzukaufen.
Alle, der Hund, die Babys, Jane, das Mädchen,
mit dem ich zusammenlebte, und ihr Baby und
ich und Gabriel. Die ganze Scene ging also ein-
kaufen.

Wir waren gerade an der Tür angelangt, da fing
Gabriels kleine Tochter Coby zu weinen an.
Nun, wir müssen aber heute zum Laden fahren. Ich habe sonnabends frei und sonnabends
kaufen wir immer ein. Also, Coby, beruhi-
ge dich! Coby beruhigte sich nicht, sie weinte weiter. Nun, vielleicht können wir mit der
weinenden Coby zum Laden fahren, oder vielleicht sollte Barbara mit Coby zuhause bleiben.
Nein, das wollte Coby nicht. Sie weinte noch
lauter. Kommt, lasst uns gehen! Gehen wir nun
oder gehen wir nicht? Was ist los, Coby? Sie

ist halt ein Kind. Gabriel sagte: »Was für einen Zweck hat es noch, zum Laden zu fahren? Was ist mit den Vibrations passiert? Was ist in diesem Durcheinander mit den Menschen hier passiert?«

Also machten wir diese ganz absurde Sache – wir hielten inne und setzten uns in einem Kreis um dieses kleine Kind und hielten uns an den Händen. Wir kühlten uns gegenseitig ab. Und Coby hörte auf zu weinen. Dann fuhren wir alle zum Laden.

Gabriel lehrte mich damit:

Wenn Du so betriebsam bist, dass Du all die guten Vibrations abdrehst, weil Du so mit der Zukunft beschäftigt bist oder mit der Vergangenheit oder weil die Zeit Dich eingefangen hat … dann kostet es zu viel!

Du verstehst schließlich: Die Botschaft, die Du mit einem anderen Wesen austauschst, hat nichts mit dem zu tun, was Du sagst. Sie hat nichts mit dem Ausdruck auf der Muskulatur Deines Gesichtes zu tun. Es ist viel tiefer als das. Viel tiefer! Es sind die Schwingungen, die von Dir ausgehen! Wenn Deine Ausstrahlungen paraniod sind, werden sie auch so empfangen. Wenn Du mit Haustieren zusammen bist, besonders mit Vögeln, Katzen, oder mit sehr kleinen Kindern, oder mit sehr ausgeflippten Geisteskranken, werden sie Dich sofort erkennen. Du kannst dann kommen und sagen: »Hallo, mein Lieber, wie geht es dir?« Und der Hund wird knurren ... Du kommst nicht an, denn sie hören auf die Schwingungen, die Deine ausgestreckte Hand sendet.

Du erkennst, dass Du in jedem Moment ein voller Ausdruck Deines Wesens bist. Du sendest ständig Schwingungen aus, die alles um Dich herum beeinflussen, was wiederum alles beeinflusst, was zu Dir zurückkommt.

Wenn Du jemanden triffst, der gefangen ist in der Welt von WIR und SIE, und Du bist ER für diese Person, und Du wirst in ihrem geistigen Netz eingefangen, dann vergrößert Ihr beide nur Euere gegenseitige Paranioa.

Wenn Du in der Polarität bist, erschaffst Du polare Gegensätze. Du kannst nur wirkungsvoll agieren, wenn Du Dein Gegenüber genauso liebst wie Dich selbst.

Liebe muss spontan aus dem Inneren entspringen. Sie ist in keiner Weise irgendeinem äußeren Zwang zugänglich. Liebe und Zwang können niemals zusammengehen. Aber obwohl die Liebe niemandem aufgezwungen werden kann, kann sie in einem durch die Liebe selbst erweckt werden. Liebe ist in der Essenz selbstmitteilend. Jene, die keine Liebe haben, werden von denen angesteckt, die sie haben. Wahre Liebe ist unaufhaltsam und unüberwindlich. Sie sammelt immer mehr Macht und breitet sich aus, bis sie endlich jeden verwandelt, den sie berührt.

6.

Polarität

Polarität

Je weiter Du auf die astrale Ebene hinausgehst, desto mehr siehst Du. Das Letzte, was Du in der Welt der Form siehst, bevor Du in das Formlose gehst und in die totale Einheit, ist die Welt von Yin & Yang. Die Welt von Yin und Yang ist eine weitere astrale Ebene. Sie ist eine der höchsten Ebenen in der Welt der Form. Aber sie ist immer noch in der Dualität, immer noch in der Polarisation. Dort ist Gott, dort ist der Mensch, dort ist das Schlechte, dort ist das Gute, Gewinn und Verlust, Leid und Freude, Ja und Nein. Die Welt, in der die meisten Menschen die meiste Zeit leben.

Der einzige Weg da heraus ist der, die Pole aller Gegensatzpaare zu nehmen und sie in der Weise zu sehen, in der sie eins sind. Wenn Du zu jenem Ort gelangen kannst, wo Du siehst, dass alles miteinander verbunden ist, wo Du das eine in allem siehst, dann bist Du nicht länger an die polarisierte Position gebunden. Die ganze Sache mit der Kluft zwischen den Generationen ist Unsinn. Der Geist ist der Geist. Wenn Du zum Zentrum gelangen kannst und Dein ganzes Leben als eine Geschichte siehst, in der sich die Kapitel entfalten, dann beginnt die Moment-zu-Moment-Ego-Verhaftung – *Bekomme ich auch wirklich genug in diesem Moment?* – kein so beherrschendes Thema mehr zu sein. Du beginnst im Tao zu leben.

Der Weg ist die Harmonie des Universums. Wenn man in den Geist kommt, wenn man sieht, wie es ist, versteht man, dass all die individuellen Unterschiede wie Mann-Frau, Groß-Klein, Alt-Jung, Gut-Schlecht, jede Beziehung, die Du Dir denken kannst, in den Hintergrund treten, anstatt vorzuherrschen. Was hervortritt, ist: Hier sind wir im Augenblick. Das ist alles, was ist, und wenn das nicht schön ist, dann ist nichts schön.

Du sagst: »Nun, ich kann es zwar jetzt nicht schön haben, aber später. Wenn alles erledigt ist, wird es schön sein.« Ein Später existiert nie! Was passiert mit der Lebensversicherung, Miete, dem Planen, Sparen, den Verpflichtungen? Nichts geschieht damit! Es ist wie das Wellenreiten. Entweder Du tust es, als ob Du eine schwere Last trägst und fällst, oder Du führst es als einen Teil des Tanzes aus und reitest die Welle.

Wenn Du verstehst, dass der Gedanke der Gedanke des Gedankenlosen ist, dann tanzt Du auf der Welle.

7.

Verlangen

Verlangen

Begierde ist eine Falle. Begierde-losigkeit ist
Moksha (Befreiung). Begierde ist der Schöpfer.
Begierde ist der Zerstörer. Begierde ist das Universum. Das trifft zu auf die physische Ebene,
die astrale Ebene und die kausale Ebene.

Himmel, Hölle und Dämonen sind Schöpfungen der Begierde! All die Manifestationen der
göttlichen Mutter sind Schöpfungen der Begierde. Gib die Begierde auf, um die Seligkeit
zu erfahren, Alles zu sein, bei der göttlichen
Mutter zu sein.

Die Buddhisten sagen, dass das Leben immer
einen Moment der Unbefriedigung in sich
trägt. Nenne es Leiden, Geburt, Alter, Krank-
heit, Nichtbekommen, was Du willst, oder
Bekommen, was Du nicht willst. Selbst das zu
bekommen, was Du willst in der physischen
Welt, wird zum Leiden werden, denn alles, was

in der Zeit liegt, wird wieder vergehen.

Sammelt Euch nicht Schätze, wo die Motten und der Rost sie fressen!

Das ist die Falle der Zeit. Solange Du etwas in der Zeit haben willst, wird es wieder vergehen, weil die Zeit vergeht.

Die Ursache des Leidens ist das Verlangen oder die Begierde. Wenn Du nicht versuchst, etwas festzuhalten, wird Verlust Dir auch kein Leid bringen. Wenn Du das Leben nicht anbetest, brauchst Du den Tod nicht zu fürchten. Aber wenn Du versuchst, am Leben festzuhalten, wird es sehr traurig. Du kannst das Leben ehren, aber wenn Du versuchst, daran festzuhalten, dann wird es Dir Kummer bescheren. Wenn Du Dich an etwas verhaftest, wenn Du vergängliche Dinge begehrst, werden sie Dich am Ende besitzen.

Eine Eiskremwaffel läuft vorbei ... wird es jemals die große Eiswaffel am Himmel sein? Wird es jemals eine ewige Eiswaffel sein? Oder wird sie immer schmelzen? Du musst sie immer schneller essen, denn sie schmilzt und schmilzt. Das ist das Problem. Du musst sie immer weiter essen, denn sie wird schmelzen ... dann ist sie weg und Du kennst doch den Geschmack danach in Deinem Mund. Du möchtest ein Glas Wasser und Du fühlst Dich ganz aufgeblasen. Dann bist Du fürs Nächste bereit, um das Letzte wieder auszugleichen. Dann machst Du einen Spaziergang und es ist kalt. Dann willst Du eine heiße Schokolade trinken und so weiter und so weiter. Das nennt man Leben. Ein Verlangen zieht das nächste nach sich!

Das Gegenteil von Verlangen ist zu sagen: »Es ist, wie es ist. Ja, okay. Ich akzeptiere den Augenblick jetzt völlig, wie er ist, genau in diesem Moment.«

Lahm, blind, sterbend. Wir alle sterben in jedem Moment. Es ist alles ein Abwärts-Trip. Der ganze Weg. Was für eine merkwürdige Sache, an die man sich da verhaftet. An etwas, das wieder vergehen wird. Die Ursache des Leidens ist die Verhaftung oder das Verlangen.

Gib also das Verlangen auf. Beende die Geburten. Beende die Tode. Beende das Leiden. Beende die ganze Sache, die Dich festhält. Wenn Du nicht an diese bestimmte Raum-Zeit-Stufe verhaftet bist, dann kannst Du Dein Bewusstsein vom Körper befreien und eins werden mit allem. Du kannst aufgehen in die göttliche Mutter.

Bringe Dein Leben in Ordnung. Tue Deine Arbeit. Tue alles, was Du tun musst. Achte auf Deine Rede. Achte auf Deine Gedanken. Achte auf Deine Gemütsruhe. Finde Dein ruhiges Zentrum. Lebe Dein Leben in der Weise, dass Du es in Ordnung bringst, damit Du frei wirst von der Verhaftung, die Dich ständig einsaugt. Werde frei von dem Verlangen.

Es ist ein wenig wie bei einer Achterbahn. Je höher Du steigst, desto härter fällst Du. Jedes Mal. Es sind jene wilden Löwen, die die inneren Tore bewachen. All dies geschieht mit Dir, während du Dich aus dem Netz Deiner Begierden befreist, welches Dein Ego ist, welches das Gefüge Deiner Wahrnehmungen des Universums ist. Diese Befreiung findet nicht ohne inneren Kampf statt. Dies nennt man *Tapas*. Läutern durch Feuer. Wenn ein Mensch sich all seinen Begierden hingibt oder sich von ihnen verführen lässt, wird es in seinem Inneren keinen Kampf geben, keine Reibung, kein Feuer. Wenn er aber, um ein bestimmtes Ziel zu erreichen, mit den Gelüsten in sich kämpft, die ihn behindern, so wird er damit ein Feuer entfachen, das seine innere Welt langsam zu einem einzigen Ganzen fügt.

8.

Glauben

Glauben

»Hättet ihr nur Glauben, so könntet ihr Berge versetzen«, sagte Jesus. Das ist buchstäblich wahr. Die Bibel ist kein Gleichnis. Sie ist keine Geschichte, die erfunden wurde, um uns zu lehren, moralische Wesen zu sein. Sie ist eine klare Botschaft davon, wie es ist, wenn der Mensch im Geiste lebt, und der Geist ist im Innersten.

Um in den Geist zu kommen, braucht man nicht eine Menge Hokuspokus. Es ist eine sehr einfache, methodische und mechanische Folge von Schritten. Aber sie sind nur dem möglich, der hören kann. Lasst jene hören, die Ohren haben – lehrt nicht den, der nicht wissen will. Das ganze Spiel beruht auf Glauben.

Was Du nicht weißt: Das ganze Spiel, das Du bisher gespielt hast, beruht auch auf Glauben. Du hast an den rationalen Verstand geglaubt.

Wir leben in einer Gesellschaft, die einen Tempel darstellt, der dem rationalen Menschen gewidmet ist. Wir beten den rationalen Verstand und dessen Produkte an. Wir beten unsere eigenen Sinnesinformationen an. Erst wenn wir sehen, nach welchen Annahmen wir bisher gelebt haben, können wir damit beginnen, uns zu befreien.

Wir müssen die erste Botschaft gehört haben, bevor der Schlüssel irgendetwas öffnet. Du weißt nicht einmal, dass es Türen gibt, solange Du die erste Botschaft noch nicht gehört hast. Du bist in einem Gefängnis. Wenn Du aus dem Gefängnis entkommen willst, dann musst Du zuerst erkennen, dass Du gefangen bist.

Die Beruhigung des Geistes und die Meditation sind dazu da, Dich abzukühlen, damit Du Dich erinnerst. Damit Du siehst, wie alles ist. Du musst innerlich ganz ruhig sein, um auf diese Weise zu fotografieren. Es ist sehr leicht, unbewegte Objekte zu fotografieren. Aber richte einmal die Linse auf die Dinge, hinter denen Du Dich versteckst. Dann ist die Wirkung gewaltig. Dann wirst Du verstehen: Wir sind alle dasselbe Wesen und das ist das Problem. Wir können uns nur so schnell bewegen, wie wir uns alle bewegen können. Du kannst diese Botschaft nur so rein empfangen, wie ich rein bin. Darauf läuft es hinaus. Ich kann in dem höchsten Ort, in dem ich bin, mit Euch mitschwingen. Ich kann nichts für Euch tun, außer an mir selbst zu arbeiten. Ihr könnt nichts für mich tun, außer an Euch selbst zu arbeiten!

Arbeite nur an Dir selbst. Jedes Mal, wenn Du an Dir selbst arbeitest, wirst Du ruhiger, hörst Du mehr, spürst Du mehr, bist Du mehr, bist Du gegenwärtiger.

Du und ich werden niemals satt werden, wenn wir nicht im Augenblick sind. Es ist egal, wie viel Nahrung wir in unsere Bäuche füllen, es wird niemals genug sein. Das ist das Gefühl der westlichen Kultur. Wir lassen alles in uns hineingehen, so schnell wir es nur hineinschaufeln können. Und es ist nie genug, weil das Verweilen im Augenblick fehlt. Das ist das Tor zu all dieser Energie. Wenn Du wahrhaftig im Augenblick bist, dann gibt es Dich nicht mehr. So läuft es.

Bist Du jemals im Kino gewesen und wurdest von dem Film so eingefangen, dass Du vergessen hast, wer Du bist? Dann gingen die Lichter an und Du wundertest Dich: Wo bin ich? Was ist los? Oh, es war nur ein Film.

Du musst in Dir ein absolut ruhiges Zentrum schaffen, wo Du immer im Augenblick bist!

Wenn Du ein Wesen triffst, das im Zentrum ist, weißt Du es immer sofort. Du spürst immer so etwas wie eine ruhige Ausstrahlung. Sie berührt Dich immer an jenem Ort, wo Du Dich ruhig fühlst. Man kann es nicht vortäuschen. Man kann nicht so tun, als wäre man ruhig, wenn man es nicht ist.

Du musst zum Zentrum kommen. Jenen Ort in Dir selbst finden. Wie auch immer Dein Tanz aussehen mag, Du tanzt ihn von diesem Ort aus. Immer genau hier!

Das bedeutet nicht, dass Du auf einen Berg kletterst, um in einer Höhle zu leben. Es bedeutet: Du tust, was Du tust, weil die Harmonie des Universums es erfordert. Du tust es, weil es nichts anderes zu tun gibt. Ob Du nun Lehrer bist oder in einem Kloster sitzt, alles ist ein Teil des Erwachens. Alles wird ohne Verhaftung getan. Es wird alles als geheiligte Handlung ausgeführt. Es wird alles geweiht. Es ist alles heilig.

Du kannst die Haut nicht von der Schlange reißen. Die Unausgeglichenheit kommt so schnell in Harmonie, wie sie in Harmonie kommt. Die Schlange muss die Haut abstreifen. Das ist die Geschwindigkeit, mit der es vor sich geht.

Wenn Du eine andere Person triffst, dann gibt es an dieser Persönlichkeit Eigenschaften, die Dich verletzen. Es gibt Eigenschaften an ihr, die Dich anziehen. Manche Eigenschaften verführen Dich, manchen weisen Dich ab. Manche Eigenschaften erregen Dich sexuell, manche stoßen Dich ab. Manche Eigenschaften interessieren Dich, manche Eigenschaften faszinieren Dich, manche Eigenschaften langweilen Dich. Erst wenn Du durch all diese Schleier sehen kannst, durch all Deine eigenen Begierden, wirst Du dorthin sehen, wo hinter all dem das andere Wesen ist.

Dies wirst Du tun, wenn Du nach innen gegangen bist, um zu sehen, wo Du bist. Jenseits der Dinge in Dir, die Dich anziehen und Dich verführen und Dich erregen und Dich abstoßen. Die Reise über den großen Ozean der Existenz.

Es ist eine Reise nach innen. Immer tiefer und tiefer hinein. Und je tiefer Du eindringst, desto mehr begegnest Du der Wahrheit.

9.

Du bist der Guru

Du bist der Guru

Du bist Dein eigener Guru. Du bist mit Dir selbst zusammen. Du bist Dein eigenes Verlangen. Alles, was Du sehen kannst, ist ein vollkommener Spiegel.

Als ich meinen Guru traf, der alles wusste, was in meinem Kopf vorging, erkannte ich, dass er alles wusste, was in mir vorging, ob es mir nun gefiel oder nicht. Er erkannte den Teil in mir, den ich selbst nicht klar sehen konnte. Er konnte es.

Als ich von diesem Universum kostete, wo wir alle sind, von diesem Ort, der das Meer der Liebe ist, wollte ich darin leben. Ich werde mich selbst darin untertauchen.

Wenn Du erst einmal weißt, dass es sowieso keinen Ort zum Verstecken gibt, dann fragst Du Dich, wovor Du Dich eigentlich versteckst.

Der Guru befindet sich auf einer endlosen Welle, weilt einfach an jenem Ort. Wo hält er sich auf? Er hält sich an diesem wirklich interessanten Ort auf. Er hält sich genau an jenem Ort auf, wo die göttliche Energie in sich selbst aufgeht. Er ist genau zwischen den beiden Seiten der Münze. Er geht in das Eins-Sein mit allem, in die Leere. Er kehrt zurück in die Form, um es alles zu lieben. Dann geht er durch seine Liebe wieder zurück in die Energie. Es ist, als liebten sich zwei. Man hebt sein Gesicht vom Geliebten, um die gemeinsame Erfahrung zu machen. Ist das nicht toll, was wir hier machen? Dann geht man wieder zurück ins Eins-Sein. Ein Guru tut das mit jedem Atemzug. Er ist genau an der Grenze. Er bleibt an der Grenze. Das ist der Grund, warum er in seinem Körper bleibt. Wenn er nur in der Leere bliebe, dann würde sein Körper einfach wegfallen. Es bliebe kein Ego zurück, um ihn zusammenzuhalten.

Zwei Dinge sind erforderlich für den Guru. Das eine ist das Wegfallen der Weltlichkeit, die Rückkehr der Unschuld. Das bedeutet, Du fängst an, von all dem genug zu haben. Du erkennst, dass alles, was Du durch Deine Sinne erfahren kannst, und alles, was Du durch Deinen denkenden Geist wissen kannst, niemals genug sein wird. Weltliche Dinge beginnen eher als Sand denn als Gold zu erscheinen. Es beginnt zu passieren. Es fällt weg. Der Schleier fällt weg wie die Haut einer Schlange. Das Ego lichtet sich wie eine Wolkendecke, bis nur noch eine transparente Schicht übrig bleibt.

Das andere, was erforderlich ist, ist das reine Suchen. Die Reinheit des Glaubens. Wo Glauben ist, da ist der Guru gegenwärtig. Er ist alles! Er ist Deine ganze Unreinheit. Er ist Deine ganze Korruption. Dort ist er. Er lächelt Dich durch sie hindurch an und sagt: Dies auch noch! Er sieht, er versteht. Totales Mitempfinden bedeutet: Du bist das Universum. Du bist alle Form. Du bist der Atem. Du bist der Fluss. Du bist die Leere. Du bist das Verlangen, erleuchtet zu werden. Du bist der Erleuchtete. Das ist es, wer und was ein Guru ist.

Also ist jede Vorstellung, die Du von irgendeiner Beziehung zum Guru haben kannst, ganz offensichtlich falsch. Wie kannst Du eine Beziehung zu etwas haben, das Du schon bist? Alles, zu dem Du jemals eine Beziehung hattest oder haben könntest. Wie willst Du darüber sprechen? Ich traf ihn. Wen? Was? Ich werde den Guru suchen. Wie absurd! Du bist es. Es führt wirklich nur in eine Sackgasse, nach dem Guru zu suchen. Er ist Dein Fingernagel. Beiß einfach in Deinen Fingernagel und schon isst Du ihn lebendig auf. Wenn Du weißt, wie man zuhört und worauf Du hören musst, Du Deinen Fokus eingestellt hat, dann ist jeder der Guru, der zu Dir spricht. Er ist genau hier … immer!

Du bist wieder genau hier, und was Dich überwältigt, ist, dass Du die ganze Zeit hier warst. Es ist so ein kosmischer Witz. Es ist so komisch, wie Du Dich abgemüht hast, um hierher zu gelangen. Man kann dem nicht entrinnen, was man ist. So ist die ewige Gegenwart. Es ist die Uhr, die sich dreht. Sie macht ihre Sache. Aber Du – Du sitzt genau hier im Augenblick.

Niemand geht irgendwo hin. Niemand kommt irgendwo her. Wir sind alle hier. Wir sind alle in ewigem Raum und ewiger Zeit. Wir werden immer hier sein. Wir tanzen den göttlichen Tanz. Tanzen in einem Körper nach dem anderen. Wir sind alle hier und verbleiben alle genau hier im Augenblick. Während Du das Licht in Dir selbst findest, beginnst Du das Licht in jedem anderen zu sehen. Wenn du das Licht in Dir findest, dann ist das Licht überall.

Das ist es, was uns überwältigt, wenn wir uns aus unseren bisherigen Vorstellungen lösen, die uns nicht erlauben, wirklich zu verstehen.

Kehre zurück zu den Wurzeln Deines Karmas. Wenn Du reiner Geist bist, bist Du nicht Materie. Du bist jener ewige Geist. Wenn jeder von uns dieses uralte Wesen ist und nicht dieser Körper, der durch dieses Leben geht, warum erinnern wir uns nicht daran? Warum erinnern wir uns nicht an alles? Warum können wir nicht die gesamten akashischen Aufzeichnungen lesen? Weil wir an die physische Ebene der Realität verhaftet sind. Weil unsere Identifikation mit unseren Körper-Sinnen und Gedanken so stark ist.

Komm zum Zentrum. Geh hinein. Noch weiter hinein. Noch viel weiter hinein. Oh, Du hast gerade erst begonnen. Geh immer weiter hinein. Verweile nicht, um an der schönen Sonnenblume zu riechen. Verweile nicht, um an der Ekstase der Seligkeit festzuhalten. Geh immer weiter hinein, hinter die Sinne, hinter Deine Gedanken. Wenn Du weit genug hineingehen kannst, wirst Du alles sehen, was Du mit »ihm« identifiziert hast. Du wirst Deine eigene Persönlichkeit, Deinen eigenen Körper,

Dein eigenes Lebensdrama sehen. Es ist sehr ehrfurchtgebietend.

Die Sache ist die, dass wir immer weiter und weiter nach außen gegangen sind, gesucht und gesucht und viel gefunden haben. Aber es war nicht genug. Jetzt, indem Du lediglich den Prozess nach innen umkehrst, gehst Du hinein und hinein, bis Du zu dem Ort kommst, wo der Guru sitzt. Was ist das für ein Ort? Es ist das göttliche Selbst. Es ist vom Körper getrennt. Es ist Eines, ohne ein Zweites. Rein, selbst-leuchtend, ohne Eigenschaften, frei, alles durchdringend. Es ist der ewige Zeuge. Er allein ist ewig mit mir vereint. Dies ist der Ort des reinen Seins, jener innere Ort, an dem Du weilst. An jenem Ort gibt es nichts zu tun. Von jenem Ort aus geschieht es alles. Es manifestiert sich in vollkommener Harmonie mit dem Universum. Denn Du bist die Gesetze des Universums.

Das ist es, worum es sich bei der Reise des Menschen ins Bewusstsein handelt. Dies ist OM (Zuhause). Dies ist der Ort. Es ist die Rückkehr zu den Wurzeln. Es ist die Ruhe, die Stille, die Erfüllung. Wenn Du liebst und die Ekstase der Einheit erlebst … das ist der Ort!

Wenn Du eine große Leistung vollbringst und einen Moment der Freude spürst … das ist der Ort! Wenn Du einen Moment der Poesie in einer Blume siehst, oder in Worten, oder in einem Kunstwerk, so wie es sein sollte … dies ist der Ort! Ein Ort, an dem die Flamme niemals flackert. Ich beobachte das Denken. Gedanken sind Wolken. Von diesem inneren Ort aus läuft der gesamte Prozess ruhig ab. Weiser und weiser, heller und heller. Ich bin immer mehr Liebe und werde immer mehr und mehr, genau wie die Sonne.

Es ist ganz einfach der Prozess der Beruhigung, Zentrierung, des Ringens damit, alles doch lieber so zu lassen, wie es war. Also: Beruhigung, Zentrierung – Zentrierung, Beruhigung, der Prozess der Selbstbefreiung aus dem Drama. Solange man glaubt, der Handelnde zu sein, kann man dem Rad der Geburten und Tode nicht entrinnen.

Verlangen ist Drama, Atmen ist Drama, Gefühle sind Drama, Denken ist Drama, alle Form ist Drama. Es ist alles Teil des Dramas. Wenn Du alles Gestrüpp wegräumst, wenn Du immer weiter zurückgehst, nicht aus Spaß daran, oder wegen der Kräfte, die damit verbunden sind, sondern zurückgehst, um der zu sein, der Du wirklich bist, dann erweist sich der, der Du bist, als Geist. Er erweist sich überhaupt nicht als Materie. Ohne Geist gibt es keine Materie!

Geist erschafft Materie. Die kausale Ebene ist die Welt der Ideen, die das Universum erschaffen. Ganz oben auf der kausalen Ebene ist das, was wir die Gottheit nennen. Es ist der erste Ort ins Universum der Form hinein. Es ist die erste Welt der Form. Es ist der Ort, wo der Geist sich in das Universum manifestiert. Sein Gedanke manifestiert sich in all die tieferen Schichten der kausalen Ebene hinein, in all die astralen Ebenen und die physischen Ebenen. Wenn Du weit, weit zurückgehst, kommst Du zu dem Ort, wo Du eins wirst mit der Gottheit. Du bist Gott. Du bist die Idee, die hinter dem Universum liegt. Du tust nicht so, als wärst Du sie. Du bist sie.

Die physische Ebene ist eine Illusion, egal wie toll sie auch ist. Sie ist ein Traum. Du gehst abends schlafen und träumst. Du merkst an Deinen Träumen, dass sie sehr real sind. Und dennoch haben sie auf der physischen Ebene keine Substanz. Das ist die astrale Ebene. Du träumst auf der astralen Ebene. Auf der Ebene der reinen Ideen berühren sehr hohe Physiker oder Dichter manchmal die reine Idee. Manchmal ist Musik, Kunst, eine Vase, ein Gedicht oder irgendetwas so voller Essenz, dass Du es fühlst. Du berührst Gott in der Verbindung mit diesem Kunstwerk. Denn es ist reine Idee. Es ist die Idee der Vase-heit in der kausalen Ebene. Der Geist erschuf diese Vase auf der kausalen Ebene, jenem Ort der reinen Idee.

Es ist der Ort, wo sich Energie in Form verwandelt. Um ein voll verwirklichtes Wesen zu werden, musst Du Dich der Einzigartigkeit auf jeder einzelnen Ebene erfreuen. Du musst Freude haben an Deiner Männlichkeit oder an Deiner Weiblichkeit. Im selben Moment musst Du erkennen, dass Du beides bist – männlich und weiblich. Dann gehst Du durch die letzte Tür und Du gehst aus der Form in das Formlose, in die Leere. Ins Jenseits vom Jenseits. Wenn Du den Ozean von Samskara, den Ozean der Illusion, den Ozean der Verhaftung überquert hast, wenn Du durch alle Form gegangen bist, trittst Du ein in den Zustand der Formlosigkeit.

Zurückgewandt sein zur Wurzel: Das ist Stille. Stille: Das ist Rückkehr zur Bestimmung.

Rückkehr zur Bestimmung: Das ist Ewigkeit. Ewigkeit erkennen: Das ist Weisheit.

Wer die Ewigkeit nicht erkennt, der handelt blindlings und unheilvoll!

In der unmanifestierten Form erkennst Du, dass nichts wirklich geschieht. Nichts geschieht jemals. Nichts wird jemals geschehen. Es gibt nichts für Dich zu tun. Es gibt sowieso keinen Tuenden, der es tun könnte.

Dann bist Du in der Leere und Du verstehst schließlich: Obwohl alles Illusion ist, bist Du auf jeder Stufe, auf der Du existierst, Teil von jedem anderen. Denn es ist alles *ein* Wesen!

Der letzte Ort, zu dem das Spiel hinführt, ist der Ort, an dem Du in allem bewusst lebst. Im Nichts. Du bist ewig. Du hast aufgehört zu sterben. Es gibt keine Angst mehr vor dem Tod, weil es keinen Tod gibt, wo Du bist. Es ist nur eine Transformation, eine Illusion. Du fließt in Harmonie mit dem Universum. Du bist jenseits von Moral, und doch sind Deine Handlungen vollkommen moralisch, denn das ist die Harmonie des Universums. Du erkennst, dass Du, wenn Du etwas mit Verhaftung, mit

Verlangen, mit Zorn … Gier … Lust … Angst tust, nur mehr Karma erschaffst, welches Dich im Spiel festhält. Auf dem Rad von Geburt und Tod. Wenn Du das erkannt hast, kann das Verlangen nur noch wegfallen und Du wirst wahrhaftig frei sein!

10.

Sei vorsichtig!

Sei vorsichtig!

Am Anfang, wenn Du es siehst, möchtest Du durch die Straßen rennen, schreien und die gute Nachricht verbreiten. Du schreist es wörtlich, genau wie Du es fühlst. Doch sei nicht psychotisch.

Mit der Psychose ist es eine interessante Sache. Wenn Du zu schnell durch die Tür gehst und Du noch nicht dafür bereit bist, wirst Du an Händen und Füßen gebunden in die äußere Finsternis geworfen. Eine Menge Leute landen in Heilanstalten. Der Grund ist: Sie sind mit ihrem Ego durch die Tür gegangen. Sie verstehen nicht, dass man sterben muss, um geboren zu werden.

Dass man nur in das Himmelreich eingehen kann, wenn man neu geboren wurde. Sie sind beim ersten Mal hineingegangen und sind auf einen großen Ego-Trip gegangen. Man nennt ihn den messianischen Komplex. Man nennt es Paranioa, Wahnvorstellungen von der eigenen Größe.

Ich habe einen Bekannten, der in einer Heilanstalt ist. Er glaubt, er sei Christus. Nun, das ist großartig. Ich bin auch Christus, aber er glaubt nicht, dass ich auch Christus bin. Er glaubt, er sei Christus, denn es geschah mit ihm und er nahm sein Ego mit.

Was mich betrifft, sind wir alle Gott. Das ist der Unterschied. Wenn Du wirklich glaubst, dass der Andere Gott ist, dann hast Du es verstanden. Du musst wirklich rein sein. Du kannst nicht so tun, als wärst Du rein. Jedes Weniger als totale Reinheit bedeutet den Weg zurück in die äußere Finsternis.

Der König ging hinein, die Gäste zu besehen, und er sah einen Menschen, der hatte kein hochzeitliches Kleid an. Er sprach zu ihm: »Freund, wie bist du hier hereingekommen und hast doch kein hochzeitliches Gewand an?« Er aber verstummte. Da sprach der König zu seinen Dienern: »Bindet ihm Hände und Füße und werft ihn in die Finsternis hinaus.«

Denn viele sind berufen, aber nur wenige sind auserwählt!

Solange es ein Auf & Ab in Deinem Kopf gibt (äußere Finsternis), solange Du in der Welt der Gegensätze bist, ist gründliche Läuterung erforderlich. Läuterung der Gedanken. Läuterung des Körpers. Das Freiwerden von Verhaftung.

Und nach einer langen Zeit des Auf & Ab, ohne zu verstehen, warum es auf & ab ging, oder wie Du es anhalten kannst, wird es Dir dämmern. Warum bemühtest Du Dich ständig? Die Antwort ist sehr einfach: Wenn erst einmal der Samen gepflanzt worden ist, wenn Du erst einmal neu geboren wurdest, hast Du keine Wahl! Wann immer Du bereit bist, wirst Du die nächste Botschaft hören im magischen Theater Deiner Existenz. Bist Du bereit?

Du stehst auf einer Brücke und beobachtest Dich selbst, wie Du vorüberziehst.